COMPTE RENDU

DU

CONGRÈS SCIENTIFIQUE

INTERNATIONAL

DES CATHOLIQUES

TENU A PARIS

DU 1er AU 6 AVRIL 1891

DES
LACUNES SIGNALÉES PAR LA JURISPRUDENCE
DANS LA THÉORIE DU CODE CIVIL SUR L'AUTORITÉ PATERNELLE
ET DE LA FAÇON DONT LA LOI DU 24 JUILLET 1889 Y A POURVU,

Par M. Henry TAUDIÈRE,
Docteur en droit, avocat à Paris.

PARIS
ALPHONSE PICARD, ÉDITEUR
82, RUE BONAPARTE, 82
—
1891

LACUNES SIGNALÉES PAR LA JURISPRUDENCE

DANS LA THÉORIE DU CODE CIVIL SUR L'AUTORITÉ PATERNELLE

ET DE LA FAÇON DONT LA LOI DU 24 JUILLET 1889 Y A POURVU

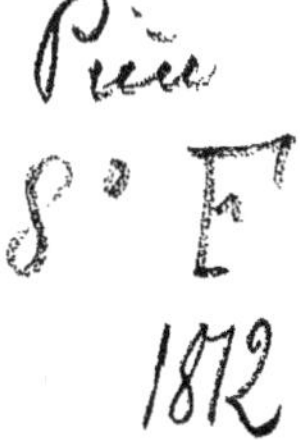

MACON, PROTAT FRÈRES, IMPRIMEURS

COMPTE RENDU

DU

CONGRÈS SCIENTIFIQUE

INTERNATIONAL

DES CATHOLIQUES

TENU A PARIS

DU 1er AU 6 AVRIL 1891

DES
LACUNES SIGNALÉES PAR LA JURISPRUDENCE

DANS LA THÉORIE DU CODE CIVIL SUR L'AUTORITÉ PATERNELLE
ET DE LA FAÇON DONT LA LOI DU 24 JUILLET 1889 Y A POURVU,

Par M. Henry TAUDIÈRE,

Docteur en droit, avocat à Paris.

PARIS

ALPHONSE PICARD, ÉDITEUR

82, RUE BONAPARTE, 82

—

1891

LACUNES SIGNALÉES PAR LA JURISPRUDENCE

DANS LA THÉORIE DU CODE CIVIL SUR L'AUTORITÉ PATERNELLE

ET DE LA FAÇON DONT LA LOI DU 24 JUILLET 1889 Y A POURVU,

La famille est la société première et fondamentale sur laquelle tout repose ; elle constitue un des plus solides fondements de l'ordre social. Or, pour atteindre sa véritable fin qui est de faire des hommes, de bons citoyens et des serviteurs de Dieu, elle a besoin d'une autorité qui la guide : cette autorité s'incarne en principe dans les parents, et plus spécialement dans le père de famille délégué de Dieu pour accomplir une mission toute de dévouement et de sacrifice : l'éducation de ses enfants. « Le père est roi par droit, par un droit primitif, par un droit supérieur et divin, par un droit inaliénable[1] ; » il est investi de l'autorité la plus parfaite sur terre, source et type de toutes les autres, préexistante aux lois positives qui ne font que la reconnaître et la confirmer[2], qui doivent aussi dans un but d'intérêt général la fortifier.

Mais le père n'a pas sur la personne de ses enfants un droit absolu et sans limite. Ayant le devoir de bien les élever, il n'a pas le droit de les élever mal ou de ne pas les élever du tout, pas plus que celui de les tuer ou de les laisser mourir ; s'il forfait radicalement à son rôle, il peut, en rigueur de droit, y être contraint ou suppléé d'office soit par l'Église, soit même par la puissance publique. L'État doit, il est vrai, se tenir en principe en dehors de l'éducation proprement dite et se borner à fournir à la famille les moyens matériels d'y pourvoir ; mais, quand le père abdique volontairement et devient incapable ou indigne d'accomplir sa mission, l'ingérence de l'État peut encore constituer un accident, un désordre, c'est du moins un désordre passager et nécessaire[3]. Il faut donc que la loi positive assure au père de famille toute la liberté compatible avec l'exercice légitime de son autorité ; il faut aussi que, en cas d'abus trop graves de sa part, elle réserve à la puissance

1 Mgr Dupanloup, Ed., t. II, p. 139.
2. Portalis. *Travaux préparatoires au Code civil.*
3. Ch. Périn, *Lois*, liv. III, ch. 5, t. I, p. 436.

publique les moyens d'y porter remède, en s'abstenant d'ailleurs de substituer à la tyrannie isolée de quelques parents la tyrannie universelle de l'État.

Le Code civil, dans sa théorie de la puissance paternelle, n'a pas réalisé cet idéal législatif; son œuvre ne manque pas de grandeur sans doute, mais elle présente des défauts et des lacunes qu'ont encore fait ressortir la décadence des mœurs et la transformation actuelle de l'état social; les droits conférés au père pendant le mariage sur la personne de ses enfants peuvent en particulier être taxés d'exagération. L'autorité paternelle durant l'union conjugale est concentrée aux mains du père et lui confère des pouvoirs fort étendus et sans contrôle. Elle cesse, il est vrai, à la majorité de l'enfant; mais jusqu'à cette époque elle laisse toute liberté au père de famille pour l'éducation de son fils et, si l'on s'en tient rigoureusement aux textes, il semble bien que nul, particulier ou puissance publique, ne peut l'obliger à remplir ses devoirs. D'autre part, cette puissance est attachée à la qualité indélébile de père : l'exercice n'en peut être cédé par lui ni à la mère, ni *a fortiori* à un tiers, il s'agit là d'un droit intéressant l'ordre public et l'on n'y peut pas déroger par des conventions particulières (Cod. civ. art. 6); le père ne peut pas non plus en être en principe dépouillé. Si les articles 334 et 335 Cod. pén. lui enlèvent l'exercice de ses droits quand il a excité, favorisé ou facilité la débauche de son enfant, il faut aussitôt remarquer que cette peine ne s'applique qu'à l'égard de l'enfant corrompu à l'exclusion des autres et laisse d'ailleurs subsister aux mains du père les droits d'émancipation et de consentement à mariage ; il faut dire surtout que, en nulle autre hypothèse, la déchéance du père de famille ne peut être prononcée, fût-ce pour inconduite notoire ou pour mauvais traitements envers ses enfants, eût-il même été pour ce motif destitué de la tutelle [1]. Sans doute l'exercice de l'autorité paternelle est forcément suspendu tant que le père condamné au criminel subit sa peine ; sans doute aussi, d'après l'art. 66 Cod. pén., le mineur de 16 ans, acquitté par les juges de répression comme ayant agi sans discernement, peut être par eux soustrait jusqu'à l'âge de 20 ans à la garde de son père ; mais, dans ces deux cas, il y a simple suspension, non déchéance : une fois la peine subie et l'interdiction légale levée, une fois les vingt ans de l'enfant révolus, le père reprend son pouvoir.

Si exorbitante et dénuée de contrôle que fût dans nos lois la puissance paternelle, les mœurs, qui en pareille matière ont un rôle primordial, auraient suffi à en tempérer l'exagération; la diffusion des idées religieuses et morales aurait adouci l'autorité du père sans affaiblir le respect chez les enfants. Malheureusement, au contraire, les progrès indéniables de l'esprit individualiste et antireligieux d'une part, de l'autre l'abaissement sensible de la moralité publique ont fait ressortir lamentablement l'insuffisance de notre législation. Certains pères de famille oublient leurs devoirs, quelques-

---

1. Aubry et Rau, t. VI, p. 95. — Cf. Demolombe, t. VI, n° 588.

uns même ont à se reprocher des faits particulièrement odieux ; la confiance que leur avait témoignée le législateur en 1804 s'est trouvée cruellement déçue et les tribunaux en ont été les premiers instruits. Ceux-ci, constatant les lacunes de la loi et les conséquences déplorables qui en résultaient pour la société, n'ont pu se résigner à demeurer impuissants ; ils ont tenté de porter remède aux plus criants abus en s'attribuant sur l'exercice de la puissance paternelle un droit de contrôle qui, proposé en 1804, ne leur avait pas été reconnu [1]. Ils préparaient du moins par là l'œuvre du législateur futur en lui indiquant les points sur lesquels devrait spécialement porter son attention.

I

La jurisprudence est partie de ce principe certain que l'autorité paternelle est, dans l'esprit du législateur, une mesure tutélaire et protectrice établie surtout dans l'intérêt de l'enfant et de la société et elle en a conclu que cette puissance ne devait jamais pouvoir devenir un moyen de tyrannie et de démoralisation. Ce raisonnement, placé comme axiôme en tête de ses arrêts, lui a paru suffisant pour constituer les tribunaux protecteurs supérieurs de l'enfance, chargés de contrôler l'autorité du père, d'en prévenir et d'en réprimer les abus, d'en restreindre l'exercice toutes les fois que l'intérêt matériel ou moral des enfants le demande [2]. Elle invoque, en outre, dans le même sens certains textes particuliers qui seraient, suivant elle, des applications de cette règle générale.

Ce droit de contrôle des magistrats en notre matière, la loi ne l'autorise expressément qu'au cas de divorce ; les premiers auteurs qui ont écrit sur le Code civil sont unanimes à le reconnaître. Même en ce cas, d'ailleurs, les tribunaux n'ont pas une liberté absolue : ils peuvent seulement, à la requête de la famille ou du ministère public, enlever à l'un des époux divorcés ou même à tous les deux (Cod. civ., art. 267, 302, 303), non la puissance paternelle elle-même qui demeure entre leurs mains, les art. 302 et 303 le prouvent, mais uniquement le droit de garde. La jurisprudence a généralisé ces textes et, dans cette mesure même, s'est crue autorisée en toutes circonstances à limiter l'exercice abusif par le père de ses droits sur ses enfants.

Elle n'a pas hésité tout d'abord à étendre à la séparation de corps les règles admises par la loi pour le divorce et à confier en pareil cas la garde des enfants au mieux de leurs intérêts, soit à la mère, que la séparation

---

1. On avait proposé de confier ce contrôle aux tribunaux ordinaires et non plus à un tribunal de famille comme dans la loi des 16-24 août 1790.

2. Voir pour l'affirmation du principe presque tous les arrêts, en particulier Cass., 27 janv. 1879, D. 79. 1. 223.

soit prononcée en sa faveur [1] ou même contre elle [2], soit à un tiers, à un ascendant par exemple [3]. De tels jugements, d'ailleurs, sont toujours révocables, leurs décisions peuvent être modifiées ou rétractées dans l'intérêt de l'enfant d'après les changements survenus dans sa personne ou dans celle des parents ; une nouvelle sentence peut enlever après coup la garde du mineur à l'époux séparé qui en avait été investi tout d'abord, pour en disposer au profit d'un tiers, et il appartient alors à la justice de régler les rapports des enfants avec leurs parents [4]. — Que cette pratique soit fondée en raison, nul ne le conteste ; qu'elle soit légale, nous ne le croyons pas. L'extension de l'art. 267 Cod. civ., relatif à la garde provisoire des enfants pendant l'instance, était, il est vrai, facile à justifier avant même que la loi du 18 avril 1886 l'eût consacrée en modifiant les art. 238 et 307 Cod. civ. ; on s'accordait en effet à faire à la séparation de corps application de tous les textes du titre du divorce ne se rattachant pas à l'idée de dissolution du mariage. Mais il n'en est plus de même en ce qui concerne l'article 302 : la puissance paternelle, d'après le texte de la loi, devrait être maintenue au père séparé de corps dans tous les cas, la séparation eût-elle été prononcée contre lui, car le mariage subsiste et l'art. 373 doit s'appliquer. On répond à cela que, la séparation de corps étant le divorce des catholiques, il faut donner en pareil cas à l'enfant les mêmes garanties qu'au cas de divorce ordinaire. L'observation est exacte en législation, mais il est certain d'autre part, et c'est très fâcheux, que, pas plus en 1886 qu'en 1804, la loi n'en a tenu compte ; il est donc abusif en droit strict d'appliquer à la séparation de corps qui laisse subsister le mariage une disposition étroitement liée à l'idée de dissolution du lien conjugal. Cela est plus vrai que jamais depuis la loi précitée du 18 avril 1886, d'après laquelle le chapitre de la séparation de corps se suffit à lui-même sans avoir d'emprunts à faire aux règles du divorce. La prétention persistante des tribunaux en cette matière n'a pour fondement qu'une pratique traditionnelle sans justification possible dans les textes.

La jurisprudence ne s'en est pas tenue là d'ailleurs, elle a exercé sa surveillance alors même qu'elle n'avait aucun texte précis à invoquer, fût-ce par analogie. Ainsi elle a confié la garde d'un enfant à la mère séparée de fait d'avec son mari [5], bien qu'une telle situation, non reconnue par la loi (Cod. civ., art 214), laisse intacte la règle de l'art. 373. Surtout son action s'est fait sentir au cas où, l'un des parents étant décédé, la tutelle s'ouvre sans que la puissance paternelle ait pris fin. Le parent survivant conserve alors son

---

1. Cass., 24 juil. 1878, D. 78. 1. 471 ; 1er août 1883. D. 85. 1. 206. — Paris, 7 août 1876, D. 78. 2. 125.

2. Trib. Seine, 27 juin 1866.

3. Cass., 16 juill. 1888, D. 89. 1. 456.

4. Cass., 1er août 1883 et Paris, 7 août 1876, précités.

5. Paris, 10 juil. 1855, S. 55. 2. 677. — *Sic* Demolombe, t. VI, n° 371 ; Aubry et Rau, t. VI, p. 77, § 550. Cf. dans le même sens Alger, 27 juin 1864, S. 64. 2. 288.

autorité et échappe à ce point de vue au contrôle du subrogé tuteur et du conseil de famille, soit qu'il soit investi de la tutelle, ce qui est la règle normale, soit même qu'il ne soit pas tuteur. En ce cas la situation peut être défavorable pour l'enfant, la puissance paternelle n'ayant plus de contrepoids au moins moral comme pendant la vie commune des deux époux ; d'autre part, entre les diverses autorités désormais en présence, père survivant, conseil de famille, tuteur, trop souvent portées à empiéter les unes sur le domaine des autres, les conflits en fait sont inévitables et dès lors le terrain est propice pour une intervention judiciaire qui s'est largement exercée. Le motif est toujours le même : la justice peut, suivant les circonstances, modérer ou même restreindre dans l'intérêt de l'enfant les droits de la puissance paternelle à la demande du mineur lui-même, d'un ascendant, du subrogé tuteur, d'un membre délégué du conseil de famille ou du ministère public [1] ; il lui appartient en pareil cas de disposer de la garde des enfants et de régler quant au lieu et quant au temps les communications entre eux et leurs parents dans l'avenir. Le père survivant peut donc être judiciairement privé de la garde et de la direction de son fils mineur, non seulement quand il s'est rendu coupable d'un de ces abus monstrueux que le législateur n'a pas dû prévoir [2], mais encore au cas de mauvais traitements de sa part [3], ou quand on peut lui reprocher son inconduite notoire, qu'il ait été pour ce motif destitué ou déclaré déchu de la tutelle, ou même qu'il l'ait refusée [4]. Un seul jugement proteste contre cette théorie et, pour notre part, nous ne pouvons que nous associer au motif qu'il invoque en faveur du père de famille : « Les droits qui dérivent de la puissance paternelle sont antérieurs à toute législation et ont leur source dans la nature ; un intérêt d'ordre public qui doit dominer tous les intérêts privés s'oppose à ce qu'il soit porté atteinte à une institution que le législateur n'a pas établie mais qu'il ne fait que consacrer [5]. » Cette décision est restée isolée d'ailleurs, et, dès lors que la sécurité, la moralité ou même la santé physique de l'enfant est en jeu, la jurisprudence n'hésite pas à fixer jusqu'à une époque déterminée sa résidence hors de la maison paternelle ; il lui suffit pour cela de constater qu'à raison des circonstances le père est dans l'impossibilité de donner à son fils les soins que réclame sa santé [6].

1. *Sic* Demolombe, t. IV, nᵒˢ 386-390 ; Aubry et Rau, t. VI, p. 72 et 82, §§ 547 et 550 ; Colmet de Santerre, t. II, nᵒ 117 *bis*, ɪ ; Bourcart, *Fr. jud.* 1882-83, 1ʳᵉ part., p. 505, notes 3, 5. — *Contra* Laurent, t. IV, nᵒˢ 263, 265, 268.

2. Bordeaux, 13 août 1860, D. 61. 2. 92.

3. Caen, 31 déc. 1811 ; Nancy, 25 janv. 1873, D. 73. 2. 11.

4. Cass., 3 mars 1856, D. 56. 1. 290 ; 15 mars 1864, D. 64. 1. 301 ; 27 janv. 1879, D. 79. 1. 223. *Sic* Demolombe, t. IV, nᵒˢ 378, 386-394 ; Aubry et Rau, t. VI, § 551, notes 6 et 14.

5. Tribunal du Puy, 10 déc. 1869, D. 70. 3. 64.

6. Caen, 27 juil. 1875 et Cass. 2 août 1876, D. 77. 1. 61. — D'après certains jugements ou arrêts postérieurs à la loi de 1889, (Tribunal Saint-Quentin, 27 déc. 1889 ; tribunal Toulouse, 3 juil. 1890 ; Poitiers, 21 juil. 1890, S. 91. 2. 17), il n'en serait plus ainsi. *Sic* de Loynes, note, D. 90. 1. 233. — *Contra* tribunal Seine, 27 janv., 6 et 11 août 1890, S. 91. 2. 17. Didier, le *Droit*, 31 déc. 1890 et 1ᵉʳ janv. 1891 ; Bourcart, note, S. 91. 2. 17.

Des tiers eux-mêmes ont été autorisés à prétendre à la garde de l'enfant contrairement à la volonté du père survivant. Sans doute en principe les tribunaux n'autorisent aucun particulier à faire échec à l'autorité paternelle, se réservant jalousement le choix des mesures à prendre [1] ; il n'en est pas toujours ainsi cependant, et parfois les parents ont bien de la peine à faire triompher contre des tiers éhontés leurs droits les plus incontestables [2]. Dans tous les cas, quand, lors d'une séparation de corps entre deux conjoints, un tiers a été investi de la garde des enfants, il peut, à la mort d'un des époux, demander aux tribunaux d'être maintenu dans ses fonctions s'il a des reproches sérieux, d'immoralité par exemple, à alléguer contre le survivant [3]. La Cour suprême, saisie de la question, n'a nullement dénié aux juges le droit d'accueillir une semblable demande ; si elle a cassé un arrêt rendu en ce sens par la Cour de Paris, c'est uniquement parce qu'il était motivé sur l'application à l'espèce de l'art. 302 Cod. civ. et que « le droit de garde reconnu à une tierce personne en vertu de l'art. 302 s'évanouit avec la séparation elle-même [4] ».

Dans l'hypothèse encore où, par suite du décès de l'un des époux, la puissance paternelle n'est plus exercée que par le survivant, la jurisprudence est venue apporter une nouvelle entrave à cet exercice en reconnaissant, contrairement au texte et à l'esprit de la loi, certains droits sur la personne de l'enfant aux ascendants de l'époux prédécédé. Elle ne les autorise pas, il est vrai, tant que du moins la santé ou la moralité de l'enfant n'est pas en jeu, à contrecarrer la volonté du père survivant relativement au choix d'un établissement d'éducation pour le mineur ou des relations à lui permettre avec les tiers ; à ces divers points de vue, l'autorité paternelle reste souveraine, « les enfants n'appartiennent qu'au père ; en droit les aïeuls n'ont aucune autorité, aucun droit sur leur personne [5]. » Mais elle leur permet formellement, en se fondant sur le devoir de respect imposé aux parents eux-mêmes envers eux tant par la loi naturelle que par la loi positive, d'exiger la continuation de leurs relations avec leurs petits-enfants, nonobstant le refus du père ; et si ce refus n'est pas suffisamment justifié, les tribunaux détermineront le mode et la fréquence de ces relations [6]. Il y a d'ailleurs, sur ce point, des nuances fort délicates que la Cour suprême, prise en flagrant délit de théorie légiférante, s'efforce de préciser ; il s'agit, en effet, dans le

---

1. Nancy, 25 janv. 1873, D. 73. 2. 11.

2. Voir Lacointa, *L'autorité paternelle et le temps présent*, dans le *Correspondant*, t. 134, an. 1884, p. 585 et suiv.

3. Tribunal Seine, 13 sept. 1872 S. 72. 2. 312 ; Paris, 7 juil. 1883, S. 83. 2. 219.

4. Cass., 13 août 1884, D. 85. 1. 40.

5. Bordeaux, 13 août 1860, D. 61. 2. 92. — *Sic* Paris, 21 avril 1853, D. 54. 5. 622 ; Montpellier, 17 février 1855. D. 57. 1. 273 ; Bordeaux, 16 juillet 1867. D. 68. 5. 340.

6. Cass., 8 juillet 1857, D. 57. 1. 273 ; 12 et 26 juillet 1870, D. 71. 1. 217 et 218 ; Paris, 22 septembre 1853, D. 56. 2. 83 ; Paris, 27 juin 1867, D. 67. 5. 348 ; Nancy, 28 mai 1868, D. 68. 2. 176 ; Paris, 14 août 1869, D. 69. 2. 238 ; Bourges, 8 décembre 1884, D. 86. 2. 78 ; Paris, 2 juillet 1885, S. 85. 2. 156 ; Lyon, 27 mars 1886, D. 87. 2. 155 ; Agen, 6 novembre 1889, D. 90, 2. 25.

règlement des rapports entre aïeuls et descendants, de concilier les droits restreints et arbitraires à notre sens des ascendants avec les droits beaucoup plus énergiques et étendus, beaucoup plus certains aussi, du père de famille. La théorie la plus répandue en jurisprudence consiste à refuser aux grands-parents le droit de garde dont, « hors les cas d'indignité déterminés par la loi, le juge ne saurait, sans porter atteinte à son droit absolu, dessaisir même momentanément l'autorité du père ; » ils ne peuvent donc pas exiger que l'enfant leur soit remis, demander aux tribunaux la permission de le faire sortir du collège à certains jours ou de le prendre chez eux pendant une partie des vacances ; mais, d'autre part, nul n'est en droit de leur interdire de visiter l'enfant, de continuer à le voir, soit à la maison paternelle, soit dans une maison tierce, en présence ou non du père ou de son représentant d'après les circonstances [1], soit même chez eux, à condition que ces séjours ne dégénèrent pas en cohabitation plus ou moins prolongée pouvant avoir pour conséquence une immixtion de leur part dans son éducation [2]. — Dans ce système, les grands-parents ont donc le droit de visite à l'exclusion du droit de garde, mais, il faut l'avouer, c'est là une réglementation tout arbitraire et factice. En effet, en droit, les ascendants ne peuvent entrer en conflit avec l'autorité paternelle, il faudrait pour cela qu'une action leur eût été expressément attribuée par un texte, ce qui n'est pas, ou qu'elle fût du moins la conséquence et la mise en exercice d'un droit que leur reconnaîtrait la loi, ce qui n'est pas davantage ; en fait, trop souvent « l'intervention des tribunaux aurait pour résultat de rendre les dissentiments de la famille plus profonds en les livrant à la publicité [3] ». D'autre part, dès lors qu'on abandonne les principes pour l'équité, la pente est singulièrement glissante ; puisqu'on prend l'intérêt de l'enfant comme unique base des décisions à rendre, pourquoi ne pas aller, dans certains cas, jusqu'à renverser les rôles, à dépouiller, en tout ou partie, le père survivant du droit de garde au profit de l'aïeul maternel ? Certaines Cours d'appel l'ont fait ; elles ont tout d'abord permis à ce dernier d'emmener l'enfant chez lui pendant un certain temps des vacances malgré l'opposition formelle du père [4] ; puis on a été plus loin : l'aïeul a été investi de la garde de l'enfant, le père n'ayant plus qu'un droit de visite réglementé par décision judiciaire [5]. C'est la conséquence dernière et forcée de cet axiôme jurisprudentiel : les tribunaux peuvent, en toutes circonstances, modérer et restreindre les droits de la puissance paternelle dans l'intérêt de l'enfant.

1. Cass., 8 juillet 1857, D. 57. 1. 273 ; 26 juillet 1870, D. 71. 1. 217 ; Paris, 22 septembre 1853, D. 56. 2. 83 ; Agen, 6 novembre 1889, D. 90. 2. 25.

2. Nancy, 28 mai 1868, D. 68. 2. 176 ; Bourges, 8 décembre 1884, D. 86. 2. 78 ; Lyon, 27 mars 1886, D. 87. 2. 155 ; Paris, 2 juillet 1885, S. 85. 2. 156.

3. Bordeaux, 13 août 1860, D. 61. 2. 92. — *Sic* Laurent, t. IV, n° 269 ; Bordeaux, 16 juillet 1867, D. 68. 5. 340.

4. Paris, 27 juin 1867, D. 67. 5. 348 ; Paris, 14 août 1869, D. 69. 2. 238 ; Aix, 12 novembre 1890, S. 91. 2. 25.

5. Tribunal Seine, 15 décembre 1869, D. 70. 3. 104 ; Bordeaux, 27 février 1874, S. 74. 2. 216.

Le même motif est invoqué par la magistrature pour justifier son intervention alors même que, le mariage existant, les époux habitent ensemble; quoique tenue à plus de discrétion en ce cas, cette intervention n'est pas moins déclarée légitime. Les juges s'attribuent le droit d'enlever à la mère la garde de l'enfant quand le père a été condamné en vertu de l'article 334 du Code pénal, dans la crainte qu'en fait ce soit le père qui continue d'exercer la puissance paternelle. Dans tous les cas aussi, la mère est autorisée à agir en faveur de son fils et à baser sur l'article 203 du Code civil une action judiciaire pour obliger le père à remplir le devoir d'éducation qu'il a contracté envers elle en se mariant; nul doute, par exemple, que, avant même la loi du 28 mars 1882, elle eût pu obtenir de la justice, contrairement à la volonté de son mari, qu'il fût donné aux enfants une instruction en rapport avec leur position sociale [1]. De même une mère chrétienne serait admise, lorsque son mari, l'ayant trompée sur ses sentiments religieux, refuserait de faire baptiser ses enfants, soit à demander sa séparation de corps, soit à faire enlever au père la garde desdits enfants [2]. Enfin la femme, dont l'union a été consacrée par un prêtre catholique et dont le fils a été baptisé selon le rite catholique peut exiger, malgré l'opposition du mari, que cet enfant, décédé, soit inhumé conformément aux usages et aux cérémonies de ce culte [3]. — En fait, rien de plus sage et de plus équitable, mais il ne faudrait pas oublier pourtant que la puissance paternelle aux mains du père est d'ordre public et que la loi ne nous semble pas avoir conféré à la mère la faculté d'en contrôler l'exercice. En ce qui concerne même l'éducation des enfants, elle n'est pas créancière de son mari, car, à notre sens au moins, il est assez difficile d'admettre que, dans l'article 203, les mots « contracter ensemble » signifient s'obliger l'un envers l'autre; le sens raisonnable et obvie est que les parents s'engagent tous les deux et au même titre [4].

Quoi qu'il en soit, la Cour de Paris a été plus loin encore dans la surveillance de l'autorité paternelle. Saisie d'un différend entre parents étrangers quant à l'exercice de cette puissance, elle a, tout en se déclarant incompétente au fond, enlevé le droit de garde au père pour en investir, au moins provisoirement, la mère, « l'intérêt de l'enfant étant le guide souverain [5]. » Plus récemment, la même Cour a fait application de l'article 221 du Code civil italien pour conserver, malgré la revendication des parents, la garde d'une petite Italienne à une personne charitable qui l'avait élevée, et a fait

---

1. Glasson. *Eléments de Droit français*, n° 72. — *Contra* Bressoles, *Loi civile et droits naturels de famille*, dans *Rec. d'Académie de Lég. de Toulouse*, an. 1873, p. 142-143.
2. *Sic* Bressoles, *op. cit.*, qui cite en ce sens un jugement du tribunal de Lyon.
3. Tribunal Douai (référé), 6 avril 1875. D. 77. 3. 68.
4. Laurent, t. III, n° 41. Baudry Lacantinerie, t. I, n° 561. Bressoles, p. 143. — *Contra* Demolombe, t. IV, n°ˢ 398-401. Aubry et Rau, t. VI, p. 72, § 547. Colmet de Santerre, t. I, n° 285 bis, II.
5. Paris, 10 juillet 1855, S. 55. 2. 677.

ainsi prévaloir, dans l'intérêt de l'enfant, les droits du tiers éducateur sur ceux des parents [1].

Bref, en toute occurrence, les tribunaux se considèrent comme les protecteurs naturels de la jeunesse et les surveillants nés de l'autorité paternelle. Telle était, il est vrai, la tradition de notre ancien droit : les Parlements intervenaient parfois en pareille matière comme pouvoir modérateur. Mais cette intervention, rendue d'ailleurs très rare par la résistance des mœurs, n'excédait pas leurs attributions, car les Parlements pouvaient en user très librement avec le texte des lois. Depuis la promulgation du Code civil au contraire, le juge est lié par le texte législatif que la coutume ne peut plus abroger, il ne peut agir que là où son action s'appuie sur un texte ; or il n'en est pas qui lui confère un droit général de contrôle sur l'exercice de la puissance paternelle. La prétention des tribunaux peut donc être taxée d'arbitraire [2], et les auteurs qui s'en font les champions sont forcés de reconnaître la faiblesse de leur argumentation en droit strict ; ils invoquent surtout des considérations morales et l'intention probable du législateur, ils s'écrient en définitive comme M. Demolombe [3] : « Nous ferons comme nous pourrons, mais il faut nécessairement que nous en venions là. » Il faudrait surtout, à notre sens, que le législateur intervînt.

Mais, même en l'absence de texte formel, nous ne pouvons guère reprocher à la magistrature [4] d'avoir usurpé une fonction qu'elle a d'ailleurs remplie avec beaucoup de modération et de réserve. Son intervention n'a rien de choquant en principe, elle n'est que trop souvent justifiée en raison, elle s'impose presque en fait. Nul ne peut nier les lacunes du Code à ce point de vue et les abus lamentables, quoique plus rares que n'ont voulu le dire certains auteurs, dont quelques pères de famille se rendent coupables ; la justice est tout indiquée pour réprimer ces abus, elle est bien dans son rôle en protégeant l'enfance contre ceux qui eussent dû être ses défenseurs naturels. Sans doute, en ce faisant, la jurisprudence, contrairement aux principes de notre législation moderne, suit les traces du Préteur romain [5], elle seconde et complète les lois ; mais, à condition d'observer certaines limites, n'y est-elle pas presque invinciblement condamnée ? Chargée d'appliquer aux hypothèses les plus inattendues la volonté du législateur, elle est forcément amenée à l'interpréter et, au besoin, à donner au texte une certaine et équitable extension.

---

1. Paris, 2 août 1872.
2. Certaines décisions judiciaires le reconnaissent formellement depuis la loi de 1889, (Tribunal Saint-Quentin, 27 décembre 1889 et Poitiers, 21 juillet 1890, S. 91. 2. 17.) — *Contra* les auteurs cités à la note suivante.
3. T. IV, n° 367. — *Sic* Aubry et Rau, t. VI, § 550, p. 77-83 ; Colmet de Santerre, t. II, n° 114 bis, II ; De Loynes, note, D. 90. 2. 25 ; Bourcart, *Fr. jud.*, 1882-1883, 1re partie, p. 505, notes 3, 5 ; Didier, le *Droit*, 31 déc. 90 et 1er janv. 91
4. Voir Blanchet, *Rev. Fœlix*, t. V, p. 405 et suiv.
5. L. 7. D. I, 1.

D'ailleurs la magistrature française s'est bien gardée de s'attribuer tous les droits du Préteur : si elle complète la loi, elle ne la corrige pas du moins, quelque regrettables qu'en puissent être, en fait, les conséquences. La puissance paternelle dans notre droit est d'ordre public et le père pendant le mariage n'en peut être dépouillé, en dehors des rares hypothèses prévues par le législateur, ni par sa propre volonté, ni par une autorité quelconque ; la jurisprudence s'est montrée fidèle gardienne de ce principe. Si elle a cru pouvoir modérer ou limiter l'exercice de l'autorité paternelle, et seulement quand il y avait abus ou danger pour l'enfant, elle n'en proclame pas la déchéance et elle apporte le plus grand soin à distinguer les restrictions imposées de la perte complète du droit [1]. Ses arrêts ne se sont attaqués à peu près exclusivement qu'au droit de garde, laissant toujours aux parents ainsi dépouillés la faculté de surveiller l'éducation de l'enfant [2] et de recourir à l'intervention de la justice si la personne à laquelle il est confié venait à faire un usage abusif de sa mission [3] ; le père, privé du droit de garde, conserve aussi tous les droits inhérents à sa fonction, tels que celui de donner ou de refuser son consentement au mariage ou à l'adoption des enfants, ou encore de les émanciper [4]. D'autre part, le caractère d'ordre public que revêt la puissance paternelle a fait annuler, comme contraire à l'article 6 du Code civil, toute convention en emportant délégation, tout compromis attribuant à un tiers, fût-ce à un ascendant, un rôle prépondérant dans la direction de l'enfant et le choix d'un état pour lui ; un tel engagement de la part du père n'est pas obligatoire pour lui dans le for extérieur, il ne peut servir de base à une action en justice [5]. Une telle abdication est illicite alors même qu'elle est consentie au profit de la mère, soit pendant le mariage, soit même par contrat de mariage et, dès lors, jamais un tribunal ne pourra déclarer civilement obligatoire la convention portant que les filles à naître d'un mariage contracté entre personnes de religions différentes seront élevées dans celle de la mère [6]. L'article 1388 du Code civil s'y oppose, ainsi que l'article 6, le père ne peut renoncer aux droits de la puissance paternelle. Cette solution peut être parfois, en fait, préjudiciable à l'enfant, mais cette fois la loi est formelle, les juges ont dû s'incliner et s'en remettre au législateur pour améliorer la situation.

Il résulte de cet aperçu sommaire de la jurisprudence que, étant donnés

---

1. La distinction est d'ailleurs plus théorique que pratique. En fait, le père privé du droit de garde ne conservera souvent que le droit de consentir au mariage qui peut pourtant être de tous le plus dangereux pour l'enfant.

2. Cass., 30 mars 1859, D. 59. 1. 466 ; 24 juillet 1878, D. 78. 1. 471.

3. Cass., 9 juin 1857, D. 57. 1. 401.

4. Cass., 3 mars 1856, D. 56. 1. 290. Tribunal du Puy, 10 décembre 1869, D. 70. 3. 64.

5. Grenoble, 11 août 1853, D. 55. 2. 91 et Cass., 5 mars 1855, D. 55. 1. 341.

6. Demolombe, t. VI, n° 295. Aubry et Rau, § 504, note 2. Colmet de Santerre, t. VI, n°5 bis, II. Laurent, t. XXI, n° 120. Guillouard, Contrat Mar. t. I, n° 113. — *Contra* Rodière et Pont, n° 63,

l'affaiblissement des caractères et la dégénérescence des mœurs, la théorie du Code civil sur la puissance paternelle est insuffisante à deux points de vue surtout : elle ne permet pas de contrôler efficacement l'exercice par les parents de cette autorité ; elle n'autorise jamais les tiers qui ont, du consentement même du père de famille, recueilli et élevé un enfant abandonné, à résister plus tard aux réclamations intéressées de ce père, le jour où l'enfant est en mesure de gagner quelque argent. L'intervention du législateur serait donc sur ces deux points, non seulement légitime, mais encore nécessaire. Il suffirait d'abord de remanier dans un sens un peu extensif les articles 66 et 335 Code pénal [1], et de régulariser le pouvoir que les tribunaux se sont arrogé en fait d'enlever, en cas de nécessité, au père les droits d'éducation et de garde : cette peine deviendrait pour eux toujours facultative et ils en détermineraient librement l'étendue et la durée ; elle serait d'ailleurs révocable après un certain délai d'épreuve ; enfin la loi préciserait les personnes qui pourraient saisir les juges de la question et limiterait les cas dans lesquels le ministère public pourrait agir en leur lieu et place. D'autre part on sanctionnerait efficacement les contrats passés entre les parents et les institutions charitables, publiques ou privées, les sociétés de patronage par exemple, auxquelles sont confiées la garde et l'éducation de jeunes enfants ; il en découlerait une obligation civile réciproque entre les contractants, le dernier mot dans le conflit appartenant toujours aux tribunaux. Une telle réforme ne mettrait certes pas un terme à tous les abus, mais du moins on pourvoirait aux besoins les plus urgents et l'enfant serait, dans presque tous les cas, suffisamment protégé. On compléterait l'œuvre en améliorant les mœurs qui ont un rôle primordial en matière de puissance paternelle : il suffirait pour cela de faciliter l'action de l'Eglise, d'encourager la diffusion des idées morales et religieuses. Mais, au point de vue législatif, il faudrait rigoureusement s'en tenir au strict nécessaire sans porter atteinte à la puissance paternelle antérieure à la loi positive et indissoluble tout comme le mariage.

II

Ce programme a paru trop modeste au législateur de 1889 ; au risque de bouleverser les principes traditionnels de notre droit privé, on a voulu procéder plus radicalement, sinon mieux. Les encouragements, d'ailleurs, ne manquaient pas, ni les exemples à suivre.

Moralistes et jurisconsultes, frappés des abus d'autorité vraiment odieux de certains pères de famille, se préoccupaient par dessus tout du moyen de soustraire l'enfant à la tyrannie paternelle ; ils en venaient même

1 Voir un projet de modification de ces deux articles dans Lallemand, *La question des enfants abandonnés et délaissés au* xix° *siècle,* p. 227. Nous y adhérons, sauf à discuter ce qu'il faut entendre par « déchéance de la puissance paternelle ».

à contester en théorie la légitimité de cette autorité : « De droits proprement dits, le père n'en a pas ; le vrai droit est à l'enfant, le père n'a que des devoirs [1]. » D'autre part, les législations étrangères, depuis un certain nombre d'années surtout, ont singulièrement restreint les droits du père, au point de vue du moins de la correction et de l'éducation corporelles [2] ; et il en est ainsi non seulement de celles qui ne se sont pas inspirées du droit français, en Angleterre, en Allemagne, en Autriche, dans la Norwège et dans la Suède, mais des législations qui ont la même origine que la nôtre, en Hollande, en Portugal et surtout en Italie où le nouveau Code civil a réalisé, au dire de M. Pradines [3], le grand progrès d'enlever à la puissance paternelle « son caractère de droit divin en la réduisant aux conditions d'une fonction publique..., de poser le principe de la déchéance prononcée avant tout crime ou délit, à titre préventif, contre le père qui manque à ses devoirs ou devient incapable de les remplir ». Il est vrai que, dans tous ces pays, le législateur, craignant de saper l'une des bases fondamentales de l'ordre social, s'est efforcé de sanctionner très efficacement l'autorité du père à d'autres points de vue, en lui accordant par exemple une plus grande liberté dans la disposition de ses biens [4], et qu'ainsi les lois étrangères « se distinguent incontestablement de la nôtre par un respect beaucoup plus étendu de la puissance paternelle [5] ». Mais on n'a pas envisagé en France la question d'une façon aussi générale ; d'une comparaison hâtive et étroite de nos lois avec celles des pays étrangers on a conclu à la nécesssité de réduire chez nous les droits du père sur la personne de ses enfants. On a cherché aussi, et non sans raison, à organiser un système protecteur et préventif pour les enfants moralement, sinon matériellement, abandonnés et laissés à eux-mêmes, que l'art. 66 du Code pénal, moyen de répression pour les natures vicieuses, est impuissant à défendre contre les dangers et les tentations de l'exemple [6]. Seulement, nous l'avons déjà dit, on a voulu faire grand et, en somme, il est permis de se demander si l'on n'a pas remplacé un mal certain mais limité par un mal plus profond et plus général. D'où, tout en reconnaissant volontiers que la loi du 24 juillet 1889 est bien préférable au texte primitivement voté par le Sénat, nous nous refusons à partager l'enthousiasme de quelques-uns pour ce document législatif. Il est divisé en deux titres : le premier est relatif à la déchéance de la puissance paternelle, le second à la protection des mineurs placés avec ou sans l'intervention des parents.

---

1. Laurent, t. IV, n° 258.
2. Consulter pour les détails le rapport de M. Pradines, *Bull. lég. comp.*, an. 1880, p. 130, et Rivière, *Rev. cath. des Inst.*, t. XXIII, p. 363-367.
3. Pradines, *loc. cit.*, p. 138.
4. *Sic*, pour l'Angleterre, voir Glasson, *Hist. du droit et des instit. de l'Angleterre* p. 221 ; *adde*, en Autriche, loi du 6 décembre 1888 sur les successions rurales.
5. De Butenval, *Lois de succession*, p. 70.
6. Cons^r Voisin, *Rapport à l'Assemblée nationale*, p. 123.

La déchéance de la puissance paternelle ne peut être prononcée que par les tribunaux : elle est pour eux, suivant les cas, obligatoire ou facultative. Résultant de plein droit de certaines condamnations énumérées dans l'art. 1er de la loi et en particulier de toute condamnation pour crime [1] commis par un père sur ses enfants, elle peut d'autre part être ou non infligée, au gré du juge, à raison de condamnations moins graves, ou même, en dehors de toute condamnation, à ceux qui, par leur ivrognerie habituelle, leur inconduite notoire ou de mauvais traitements, compromettent la santé, la sécurité ou la moralité de leurs enfants (art. 2) ; c'est l'application faite à la puissance paternelle des causes de destitution de la tutelle (Cod. civ., art. 444). Les juges sont saisis de la question par les parents jusqu'au 4e degré ou par le ministère public ; ils peuvent, pendant l'instance, ordonner telle mesure provisoire que de droit pour la garde et l'éducation des enfants (anal. Cod. civ., art. 267). La déchéance est forcément générale et indivisible, elle entraîne pour le condamné la perte de tous les droits se rattachant de près ou de loin à la puissance paternelle, pour ne laisser subsister que l'obligation alimentaire entre les parents déchus et l'enfant ; la nouvelle loi n'autorise donc plus l'enlèvement *principaliter* du droit de garde, le tribunal doit prononcer une déchéance absolue [2]. Les droits sur la personne de l'enfant passent alors à un tuteur désigné par les juges, mais en principe et toutes les fois que la tutelle de droit commun ne s'ouvre pas, c'est l'assistance publique, c'est-à-dire l'État, qui les acquiert, sauf à en déléguer l'exercice. Les parents ainsi frappés peuvent ultérieurement réclamer la restitution de leur autorité, mais ils doivent pour formuler cette demande avoir laissé passer un délai de trois ans et avoir obtenu leur réhabilitation ; si d'ailleurs elle est rejetée par le tribunal après enquête, elle ne peut plus en principe être renouvelée (art. 15 et 16).

Avant d'aller plus loin, remarquons que l'article 1er de la loi consacre formellement, quoique implicitement, l'existence au profit des ascendants de certains droits sur la personne de leurs petits-enfants ; il prononce en effet contre eux une déchéance, ils ne pourraient pas être déchus d'un droit qu'ils n'auraient pas.

La loi du 24 juillet 1889, dans son titre II, a voulu remédier à l'impossibilité antérieure pour l'assistance publique ou les particuliers ayant élevé un enfant de résister aux réclamations intéressées du père de famille le jour où

---

1. La suppression d'enfant, quoiqu'expressément prévue par l'art. 2, emporte déchéance de plein droit quand elle constitue un crime comme s'appliquant à un enfant du condamné qui a vécu (Cass., 8 mars 1890, D. 90. 1. 233).

2. Telle semble bien être l'interprétation qui doit résulter des travaux préparatoires de la loi, tout au moins à compter du jour où le projet a revêtu sa forme définitive. — *Sic* Trib. Saint-Quentin, 27 décembre 1889 ; Trib. Toulouse, 3 juillet 1890 ; Poitiers, 21 juillet 1890, S. 91. 2. 17 ; de Loynes, note, D. 90. 1. 233. — *Contra* Trib. Seine, 27 janvier 1890, S. 91. 2. 17 ; 6 et 11 août 1890, le *Droit*, 21 et 29 octobre 1890 ; Didier, le *Droit*, 31 décembre 1890 et 1er janvier 1891 ; Testoud, *Rev. crit.*, 1891, p. 16 et suiv. ; Bourcart et Naquet, notes, S. 91. 2, 17 et 25.

cet enfant est en mesure de gagner sa vie[1]. Le Sénat avait proposé d'admettre, conformément à la pratique américaine, un contrat de dessaisissement volontaire, souvenir du *mancipium* romain, permettant aux parents d'abandonner leur puissance à des tiers ; mais, en dehors de toute autre considération, c'était là méconnaître ce principe fondamental dans nos lois que, seule, une sentence judiciaire peut modifier l'état des personnes. Notre loi respecte du moins cette règle protectrice : d'après elle, seuls les tribunaux peuvent conférer l'exercice des droits de la puissance paternelle à un tiers, soit que ce tiers ait reçu l'enfant des mains de son représentant naturel, soit qu'il l'ait recueilli, mineur de seize ans, sans l'intervention des parents ou du tuteur (art. 17, 18, 20) ; au premier cas, la demande en est faite conjointement par toutes les parties intéressées ; au second cas, le tiers fait au maire de sa commune une déclaration qui est notifiée aux parents, s'ils sont connus, puis il saisit le tribunal après trois mois passés sans réclamation de la part de ceux-ci.

Dans les deux hypothèses, d'ailleurs, c'est seulement l'exercice de l'autorité paternelle qui est accordé en tout ou partie à des particuliers ou à des établissements privés ; l'autorité elle-même passe de plein droit à l'assistance publique, à l'État représenté par les inspecteurs départementaux des enfants assistés et par les préfets (art. 22, 23). Les pouvoirs reconnus par jugement aux associations privées ou aux particuliers sont donc essentiellement révocables ; si l'intérêt de l'enfant « en motive seul la délégation initiale, c'est le même intérêt qui seul en justifie le maintien[2] » et l'administration préfectorale peut toujours réclamer l'enfant au nom de l'assistance publique : les tribunaux civils décident à charge d'appel, les parents entendus ou dûment appelés. Ces derniers peuvent aussi revendiquer leurs enfants ; ils doivent pour cela s'adresser à la justice qui prononce après audition du représentant de l'assistance publique, du tiers gardien ou de tout autre témoin ; leur demande, une fois rejetée, ne peut pas être renouvelée avant trois ans ; elle autorise d'ailleurs le tribunal à déclarer les parents demandeurs déchus de la puissance paternelle (art. 21).

Telle est l'économie générale de la loi du 24 juillet 1889. Quelque nécessaire que fût l'intervention du législateur, son œuvre soulève de graves objections[3], à un double point de vue surtout : 1° elle fait trop bon marché des droits du père de famille ; 2° elle exagère outre mesure les pouvoirs et les attributions de l'État en cette matière, en en écartant soigneusement au contraire toute influence religieuse.

1° La loi, disons-nous, fait trop bon marché de la puissance paternelle. Elle ne permet pas en effet aux tribunaux d'enlever aux parents la garde de leurs enfants en cas d'absolue nécessité, elle les autorise et parfois les oblige à pro-

---

1. *Journal officiel*, annexes 1888, p. 708, 3° col.
2. Circ. min., 16 août 1889.
3. Voir pour la critique de la loi : Lallemand, *Loi du 24 juillet 1889*, et Rivière, *Rev. cath. des instit. et du droit*, t. XXIV, pp. 235 et suiv.

noncer contre les pères de famille une peine sévère, à supprimer d'un seul coup tous les droits découlant pour eux de leur caractère sacré et indélébile. Le mot de déchéance apparaît pour la première fois en notre matière et le législateur en use sans ménagements. N'eût-il pas été préférable de respecter la puissance paternelle, indissoluble tout comme le mariage et d'organiser simplement, en cas de nécessité, une séparation d'habitation entre parents et enfants analogue à la séparation de corps entre époux ? Dût-on même admettre le principe de la déchéance, devait-on la faire résulter contre le père de condamnations ne lui faisant pas même perdre l'exercice de ses droits politiques, pour vagabondage par exemple ? *A fortiori*, devait-on déclarer déchu celui contre lequel ne pouvait être formulée qu'une accusation vague d'ivrognerie habituelle ou d'inconduite notoire ? Je le crois d'autant moins que les passions politiques donneront peut-être de ces expressions élastiques une interprétation volontairement fantaisiste et que, la loi n'admettant jamais de demi-mesure, c'est une déchéance complète et absolue jusqu'à la majorité de l'enfant que les tribunaux prononceront nécessairement [1]. On pourra donc, en dehors de toute condamnation, sur une dénonciation fausse parfois ou tout au moins exagérée, marquer un père de famille d'une note d'infamie, le priver de tout droit sur la personne de son enfant : il y a là dans une mesure restreinte comme un souvenir insupportable de la mort civile.

Sans doute dans les cas précités, et il faut regretter qu'il n'en soit pas toujours ainsi, les juges sont libres de ne pas appliquer la déchéance, et la circulaire ministérielle du 16 août 1889 interdit aux parquets « d'ouvrir des investigations sur la vie privée des citoyens ou d'exercer sur eux une sorte de censure morale ». Malheureusement, les circulaires ministérielles, bientôt oubliées d'ailleurs, sont d'un faible secours contre les excès de zèle ou les vengeances politiques quand le législateur n'a pas pris les précautions nécessaires à cet égard ; jamais pourtant la réserve n'est plus obligatoire qu'en matière de privation de l'autorité paternelle : la déchéance, si déchéance il y a, ne doit frapper que les pères ouvertement, manifestement indignes. Aussi protestons-nous contre l'esprit du législateur de 1889 qui, non content d'enlever aux parents, parfois un peu à la légère, toute autorité sur leurs enfants vivants, applique cette peine en ce qui concerne les enfants à naître et en autorise le prononcé même contre un célibataire et qui, après avoir déclaré cette déchéance indivisible, voudrait encore la rendre irréparable.

D'après l'article 9 en effet, la femme d'un condamné déchu de ses droits de père voit régler par le même jugement ses propres droits sur la personne de ses enfants à naître et, d'autre part, la seconde femme d'un tel homme peut demander à se faire attribuer la puissance sur les enfants qu'elle pourra en avoir. N'est-ce pas dire que le père, une fois frappé, est pour jamais incapable,

---

1. Cela résulte des travaux préparatoires. Voir *Journal officiel*, Ch. des députés, doc. parl. 1888, p. 707, 3° col.

sauf réhabilitation, d'exercer l'autorité paternelle ? Cela nous paraît excessif quant à lui, mais surtout nous trouvons odieux de faire dépendre de l'arbitraire des juges les droits de la seconde femme sur la personne de ses enfants, alors que fort souvent, en fait, elle aura ignoré les condamnations antérieurement subies par son mari. — On a été plus loin encore dans cette voie et, dans la séance du 25 mai 1889, à la Chambre, la possibilité de la déchéance prononcée à titre préventif contre un célibataire a été formellement admise ; cette solution n'est pas écrite dans la loi, il est vrai, mais elle en découle logiquement. Rien de plus contraire cependant à la raison et à l'équité : le célibataire, n'ayant pas été mis encore à l'épreuve, ne peut être convaincu d'oubli de ses devoirs, et nul ne peut dire s'il sera, une fois père de famille, rebelle à la voix de l'amour paternel.

Enfin les parents déchus doivent se faire préalablement réhabiliter avant de demander qu'on leur restitue leur autorité perdue et, s'ils échouent dans leur demande, ils ne peuvent plus la renouveler : autant vaudrait nier franchement la possibilité d'un amendement chez le père coupable. Sans doute l'intérêt de l'enfant commande d'éviter autant que possible le trouble moral et l'incertitude quant à l'avenir résultant pour lui de tels procès ; mais on va contre cet intérêt même en barrant la route au repentir du père et en accumulant les difficultés pour admettre ce dernier à résipiscence. En principe, le véritable intérêt de l'enfant est de vivre dans sa famille et sous l'autorité paternelle ; il est bien grave de rendre, sinon impraticable, du moins fort difficile, ce retour au droit commun, le jour où, après un égarement passager, le père offre aux tribunaux de sérieuses garanties.

En somme, d'après la loi de 1889, la puissance paternelle n'est plus que tolérée, en attendant peut-être que demain elle soit supprimée : une décision judiciaire suffit pour séparer le père et les enfants, pour les rendre étrangers les uns aux autres. Etait-il donc nécessaire de réduire ainsi l'autorité du père à ce rôle subalterne ? Nous ne le croyons pas, et l'expérience de ce qui se passait en pratique jusqu'ici semble nous donner raison. Un père de famille venait-il à subir une condamnation, de deux choses l'une : ou la famille était aisée, et elle demandait à la justice d'assurer le sort de l'enfant en constituant une tutelle de droit commun ; ou elle était misérable, et la charité publique ou privée recueillait les enfants. Que restait-il à faire ? Il fallait autoriser ce tuteur ou cet établissement charitable à s'opposer, le cas échéant, à la reprise du mineur par le père à sa sortie de prison ; il suffisait pour cela de leur conférer un droit légal de garde. Une telle législation a produit aux États-Unis et, depuis 1878, en Allemagne d'excellents résultats ; en l'adoptant en France, on eût évité le double reproche que nous adressons à la loi nouvelle : celui de saper la puissance paternelle par la base et celui d'exagérer outre mesure l'action de l'État qui devient père de famille universel et subsidiaire.

2° La loi s'est bien gardée, en effet, d'encourager les particuliers à recueillir les enfants moralement abandonnés en organisant pour eux une tutelle qui, ne coûtant rien au contribuable, eût été d'ailleurs plus effectivement moralisatrice que celle confiée à l'indifférence d'un fonctionnaire; elle vise uniquement à rendre l'état omnipotent, à lui assurer le rôle prépondérant. Aussi distingue-t-elle soigneusement les administrations d'assistance privée ou même publique d'une part et de l'autre l'assistance publique prise absolument : aux premières « l'exercice seul d'une partie des droits de la puissance paternelle pourra être confié, les droits eux-mêmes restant dévolus à l'assistance publique qui est l'organe et le représentant de l'État [1]... », qui est l'État, devrait-on dire, car l'assistance publique en France ne constitue pas un corps autonome mais un simple bureau ministériel; c'est donc bien l'État qui acquiert la puissance paternelle [2] et c'est parce qu'ils le représentent que les Préfets conservent un droit de contrôle sur les établissements ou les particuliers constitués gardiens, que les inspecteurs des enfants assistés ont la tutelle des moralement abandonnés; « ce sera, a-t-on dit, une amorce pour les réformes futures [3]. » Ce dernier mot est gros de menaces pour les partisans de la liberté et de la justice et, si l'on en juge par la loi en préparation sur le travail des enfants, des filles mineures et des femmes dans les établissements industriels de toute sorte, le temps est proche où la puissance paternelle constituera une fonction publique sous la surveillance incessante et la responsabilité de l'État.

Sans nous appesantir sur ce point, disons qu'il est déjà contraire aux principes de la raison et du droit, d'investir de cette autorité un fonctionnaire étranger à l'enfant, sans organiser à côté de lui un conseil de famille quelconque pour contrôler ses actes, alors que, même pour le père pendant le mariage, la présence de la mère constitue un frein au moins moral. On peut, il est vrai, trouver en ce sens un précédent, relatif aux enfants assistés du département de la Seine, dans la loi du 10 janvier 1849, conférant au directeur de l'assistance publique les pouvoirs les plus étendus et sans aucun contrôle sur la personne de ses nombreux pupilles [4]; mais c'était d'autant moins là un exemple à suivre que cette puissance, tout exagérée qu'elle soit, est bien moins dangereuse aux mains du directeur de l'assistance que chez les inspecteurs départementaux, fonctionnaires subalternes présentant peu de garanties d'indépendance [5]. On voulait surtout faire directement sentir l'action de l'État, on voulait préparer sa substitution aux pères de famille; la mesure dès lors était logique; seulement le résultat, tant présent que futur, sera désastreux : cette ingérence abusive de l'État, odieuse

---

1. Exposé des motifs, *Journal officiel*, annexes 1888, p. 709, 2ᵉ col.
2. Lallemand, *Loi du 24 juillet 1889*, pp. 8 et 9.
3. Exposé des motifs. *Journal officiel*, ann. 1888, p. 710, 3ᵉ col.
4. Voir, en ce qui concerne leurs biens, la loi du 27 février 1880, art. 8.
5. Lallemand, *op. laud.*, pp. 9 et 10.

aux pères de famille aimant leurs enfants, constituera en fait une faveur pour les parents indifférents et une lourde charge pour le contribuable.

L'État, d'ailleurs, est si jaloux de son omnipotence qu'il entend se réserver exclusivement l'éducation des mineurs moralement abandonnés ou placés dans un établissement quelconque, public ou privé. La loi de 1889 ne fait donc nul appel à l'action moralisatrice de l'Église; bien mieux, craignant de fournir aux institutions catholiques un nouveau moyen de faire le bien et une occasion de prouver leur capacité éducatrice, elle n'admet à acquérir des droits sur des mineurs de seize ans, leur fussent-ils confiés par les parents eux-mêmes, que les associations de bienfaisance à ce spécialement autorisées par l'État. Les autorisations antérieurement accordées ne sauraient suffire, a-t-on dit, elles « ne l'avaient pas été en vue d'une substitution possible de ces associations aux familles pour la tutelle des mineurs..., il paraissait dès lors indispensable de la subordonner à une autorisation *ad hoc*[1] ». Ce motif n'est pas même spécieux puisque le tribunal peut choisir, pour leur déléguer l'exercice de la puissance paternelle, tous ceux qui lui semblent offrir des garanties suffisantes, même de simples particuliers, partant le directeur ou un membre quelconque d'une association autorisée ou non. En présence de cette liberté absolue des juges dans leur choix d'une part et du pouvoir supérieur de contrôle réservé d'autre part à l'État, on ne peut expliquer ici l'exigence d'une autorisation spéciale que par un sentiment de malveillance évidente pour les éducateurs chrétiens; ce n'est certes pas là pour nous un motif de moins de critiquer la loi et d'en redouter les conséquences.

Bref et pour tout dire d'un mot, la loi de 1889 ne nous semble pas avoir répondu d'une manière satisfaisante aux besoins constatés par la pratique. Pour améliorer les rapports entre parents et enfants, il importait avant tout de moraliser les uns et les autres; la loi tient en suspicion la grande force moralisatrice : l'Église. Il fallait donner aux tribunaux sur les pères de famille un moyen de contrôle ou de répression souple et pouvant s'adapter aux diverses circonstances, susceptible de recevoir des atténuations et des adoucissements; la loi prescrit une peine inflexible et brutale contre les parents coupables : une déchéance totale doit être prononcée sans que les juges en puissent diviser les rigueurs ou lui assigner un terme et l'État prend la place du père; on remplace ainsi une autorité parfois despotique, mais tempérée fort souvent aussi par l'affection, par un pouvoir tyrannique, tracassier, auquel rien ne fait contrepoids. Enfin, il fallait défendre les tiers ayant élevé des mineurs abandonnés contre certaines revendications de parents indignes; là encore on a mis l'État en cause, on lui a donné la haute main et la direction suprême. L'autorité paternelle reçoit un coup fatal, et nous nous acheminons vers la ruine de la famille, mais l'État voit augmenter ses droits; pour certains esprits il y a peut-être compensation.

1. *Journal officiel*, ann. 1888, p. 709, 2ᵉ col. Voir la réfutation de ce raisonnement dans Lallemand, *op. laud.*, p. 8.

Tel n'est pas du moins notre sentiment. L'intervention de l'État, quand elle est ainsi généralisée et érigée en système nous paraît présenter pour l'avenir les plus graves dangers, et nous protestons contre les atteintes portées témérairement à l'autorité paternelle, « de toutes les puissances celle dont on abuse le moins [1], » celle aussi dont il ne faut jamais douter, même aux époques de décadence, car elle est fondée « sur la dignité créatrice et sur l'amour paternel, la plus durable et la moins égoïste des affections humaines [2]. »

1. Montesquieu, *Lett. pers.*, nº 79.
2. Le Play, *Réf. soc.*, p. 414.

MACON, PROTAT FRÈRES, IMPRIMEURS

Le *Compte rendu du Congrès scientifique international des Catholiques* paraît en 8 fascicules formant un total de plus de 2.000 pages.

Le prix du Compte rendu complet est de 20 francs.

Les fascicules ne se vendent pas séparément.

Le *Compte rendu* se vend à l'Institut catholique de Paris, rue de Vaugirard, 74, et chez M. Alph. PICARD, éditeur, 82, rue Bonaparte.

MACON, PROTAT FRÈRES, IMPRIMEURS

9 782013 655750